BEI GRIN MACHT SICH IHR WISSEN BEZAHLT

Claudia Schmidt

Eignung von Speedskating und Roller Derby für Kinder und Jugendliche

GRIN Verlag

Bibliografische Information der Deutschen Nationalbibliothek:

Die Deutsche Bibliothek verzeichnet diese Publikation in der Deutschen National-
bibliografie; detaillierte bibliografische Daten sind im Internet über http://dnb.d-
nb.de/ abrufbar.

Impressum:

Copyright © 2015 GRIN Verlag, Open Publishing GmbH
Druck und Bindung: Books on Demand GmbH, Norderstedt Germany
ISBN: 978-3-668-00279-1

Dieses Buch bei GRIN:

http://www.grin.com/de/e-book/302335/eignung-von-speedskating-und-roller-
derby-fuer-kinder-und-jugendliche

GRIN - Your knowledge has value

Der GRIN Verlag publiziert seit 1998 wissenschaftliche Arbeiten von Studenten, Hochschullehrern und anderen Akademikern als eBook und gedrucktes Buch. Die Verlagswebsite www.grin.com ist die ideale Plattform zur Veröffentlichung von Hausarbeiten, Abschlussarbeiten, wissenschaftlichen Aufsätzen, Dissertationen und Fachbüchern.

Besuchen Sie uns im Internet:

http://www.grin.com/

http://www.facebook.com/grincom

http://www.twitter.com/grin_com

Inhaltsverzeichnis

Abbildungsverzeichnis

1 Einleitung

Seit fast 4 Jahren trainiere ich Speedskating in einem Verein. Ich schätze bei dieser Sportart eine einfach zu erreichende hohe Geschwindigkeit und die Vielfalt des Trainings.

Nachdem die letzte Sportlerin in meinem Alter wegen ihres Studiums die breitensportlich orientierte Trainingsgruppe verlassen hat, war ich dort die mit Abstand älteste Teilnehmerin. Deshalb begann ich über eine alternative sportliche Betätigung nachzudenken.

Zufällig las ich in einer Tageszeitung einen Artikel über einen neugegründeten Roller Derby Verein in meiner Stadt. Es wurden junge Leute gesucht, die vielleicht Spaß an dieser Vollkontaktsportart entwickeln könnten. Ich fühlte mich davon angesprochen, mit jungen Mädchen und Frauen zu trainieren, Spaß zu haben und gelegentlich an einem Wettkampf teilzunehmen.

In meiner Facharbeit werde ich mich mit dem Gemeinsamkeiten und vor allem den Unterschieden auseinander setzen und werde versuchen anhand dessen herauszufinden welche dieser Sportarten für Kinde und Jugendliche geeignet ist. Der neu gegründete Roller Derby Verein bietet auch ein sogenanntes Schnuppertraining an, an welchem ich auf jeden Fall einmal teilnehmen möchte.

2 Beschreibung der Sportarten

Speedskating ist eine Individualsportart auf Inlineskates. Ziel der Wettkämpfer ist es, eine bestimmte Distanz in der jeweils kürzesten Zeit zurückzulegen.

Roller Derby ist eine Mannschaftssportart auf Rollschuhen. Es spielen immer zwei Mannschaften in einem Wettkampf (Derby) gegeneinander. Ein Spieler jeder Mannschaft, der Jammer, erzielt Punkte, indem er Spieler der gegnerischen Mannschaft überholt. Drängeln und Schubsen sind dabei nach festen Regeln erlaubt (Vollkontaktsportart). Es gewinnt die Mannschaft, die die meisten Punkte erzielt.

Im Speedskating gibt es eine ähnliche Mannschaftsstruktur und Taktik wie im Radrennsport: man unterstützt sich gegenseitig, man fährt im Windschatten des jeweils anderen, doch am Ende erfolgt die Wertung für jeden Läufer einzeln. Im Gegensatz dazu werden im Roller Derby alle Mitglieder eines Teams gemeinsam gewertet.

Roller Derby wird von deutlich mehr Sportlerinnen als Sportlern ausgeübt. Dahingegen ist im Speedskating die Verteilung der Geschlechter ungefähr gleich.

Während eines Wettkampfes erreichen Speedskater durchaus Geschwindigkeiten von 40 km/h und mehr. Beispielsweise wurde in Berlin am 30. September 2013 beim weltberühmten Berlin-Inline-Marathon eine neue Weltrekordzeit gefahren: Ewen Fernandez benötigte für die 42,195 km lediglich 1:00:04 h[1], was einer Durchschnittsgeschwindigkeit von ca. 42 km/h entspricht. Wenn man jetzt bedenkt, dass er diese Geschwindigkeit eine Stunde lang gehalten hat, ist es durchaus nachvollziehbar, dass auch Jugendliche auf den deutlich kürzeren Stecken ähnliche Geschwindigkeiten erreichen. Bergab werden auch Geschwindigkeiten von 60-80 km/h erreicht.

Die Geschwindigkeit beim Roller Derby wird nicht ermittelt, da sie nicht relevant ist. Es ist aber davon auszugehen, dass schon allein aufgrund der Beschaffenheit der Rollen und der Wettkampfbahnen diese nicht so hoch wie beim Speedskating ist.

Speedskating ist eine Outdoorsportart. Hallen oder überdachte Rennbahnen werden nur zum Training und gelegentlich für Wettkämpfe im Winter genutzt. Roller Derby dagegen ist eine reine Hallensportart.

3 Die Geschichte der Sportarten

3.1 Die Geschichte des Speedskating

Schon in den 1880ern war das Rollschuhlaufen ein beliebtes Freizeitvergnügen in Deutschland und den USA[2]. Im Jahre 1911 fand in Stuttgart die erste Deutsche Meisterschaft im Rollschuhschnelllaufen statt[3].

Die 1938 erfundenen Kunststoffrollen lösten sehr schnell die damals gängigen Holzrollen[4] ab, dadurch konnten dann sehr viel höhere Geschwindigkeiten erreicht werden.

Um 1980 entdeckten zwei Eishockeyspieler aus Minnesota in einem Sportgeschäft Schuhe, an denen Rollen in einer Reihe montiert waren. Diese Beiden erkannten das Potential in

---

[1] Vgl.: Offiziell Webseite des BMW Berlin Marathons URL: www.bmw-berlin-marathon.com/news-und-media/news/2012/09/30/spektakulaerer-streckenrekord-bei-den-skatern.html

[2] Vgl. www.speedskating-em.de/uploads/extensions/upload_files/120_321_blog_article_SZENE_Geschichte%20des%20Inlineskatings.pdf

[3] Vgl. www.speedskating-em.de/uploads/extensions/upload_files/120_321_blog_article_SZENE_Geschichte%20des%20Inlineskatings.pdf

4 Vgl. Michael Nentwig (01.01.2000): Geschichte des Inlineskatens URL: www.kiel-blade-night.de/technik/geschichte/geschichte.html

ihnen und verfeinerten die Technik dieser ersten Inline-Skates. Diese waren nun das ideale Trainingsgerät für den Sommer. Sie nannten ihre Entwicklung Rollerblade®-Skates. Im selben Jahre gründeten sie die gleichnamige Firma Rollerblade®[5].

Bald verwendeten Skilang- und Abfahrtsläufer Rollerblade® Skates für ihr Training.[6] Im Jahre 1992 fand die Unterteilung von Inline-Skating (dem Fahren auf Inlineskates) und Roller-Skating (dem Fahren auf Quadcore-Skates) in verschiedene Sportarten statt. Somit gab es nun für diese unterschiedlichen Sportarten auch unterschiedliche Wettkämpfe[7].

1994 war Inline-Skating die am schnellsten wachsende Sportart in den USA[8]. Es entwickelten sich daraus in kürzester Zeit verschiedene Sportarten. Stellvertretend werden hier nur drei davon genannt: Beim Freestyle Slalom geht es darum, eine mit Kegeln markierte Strecke besonders kreativ abzufahren. Der Inlinekunstlauf ist mit dem Eiskunstlauf vergleichbar. Im Speedskating wird der Fokus auf die Geschwindigkeit, vergleichbar mit den leichtathletischen Laufdisziplinen, gelegt.

Ab den 1990er Jahren rückten Ausdauer-Wettkämpfe beim Speedskating in den Vordergrund. Die Strecken verlängerten sich, es wurden die ersten Inlineskating-Marathons gefahren[9].

3.2 Die Geschichte des Roller Derby

Bereits Ende des 19. Jahrhundert fanden Wettkämpfe auf Rollschuhen statt. Damals fuhren zwei Teams, bestehend aus je einem Mann und je einer Frau, solange auf einer Bahn bis ein Team, meist aufgrund von totaler Erschöpfung, aufgab[10]. Dies war für das Publikum nicht spannend.

---

[5] Vgl. Offizielle Webseite von Rollerblade® Deutschland URL: www.rollerblade.com/deutschland/about-us/

[6] Vgl. Offizielle Webseite von Rollerblade® Deutschland URL: www.rollerblade.com/deutschland/about-us/

[7] Vgl. www.speedskating-em.de/uploads/extensions/upload_files/120_321_blog_article_SZENE_Geschichte%20 des%20Inlineskatings.pdf

[8] Vgl. www.speedskating-em.de/uploads/extensions/upload_files/120_321_blog_article_SZENE_Geschichte%20 des%20Inlineskatings.pdf

[9] Vgl. www.speedskating-em.de/uploads/extensions/upload_files/120_321_blog_article_SZENE_Geschichte%20 des%20Inlineskatings.pdf

[10] Vgl. Offizielle Webseite der Abteilung Roller Derby Deutschland unter Dachverband Deutscher Roll- und Inline Verband e.V. URL: rollerderbygermany.de/index.php?page=roller-derby

In den 30er Jahren des 20. Jahrhunderts gab es eine Regeländerung durch die Promoter Leo Seltzer und Damon Rungon. Der Schwerpunkt dieser Wettkämpfe wurde auf publikumswirksamere Rempeleien und Schubsereien gelegt[11].

Die Sportart wurde dadurch in den darauffolgenden 40 Jahren in den USA ein Publikumsmagnet[12]: Die Wettkämpfe füllten Stadien mit über 50.000 Fans[13].Die Spieler damals waren aber nur sehr gute Akteure, das scheinbar brutale Handgemenge war nur ein Schauspiel[14].

Anfang der 1970er zerfielen die verschiedenen Mannschaften aufgrund von zu vielen konkurrierenden Organisationen. Zusätzlich stiegen die Reisekosten wegen der Ölkrise rasant und es konnten sich nur noch wenige Mannschaften und Fans weite Reisen leisten. Somit wurde der Sport unattraktiv und geriet schließlich in Vergessenheit[15].

Die Rückkehr des Sports fand im Jahre 1999 statt. Jetzt wurde er nur noch von weiblichen Amateuren betrieben, bei denen aber nicht die Vermarktung oder die Show im Fokus standen, sondern der Spaß am Sport und den Rangeleien. Viele dieser Frauen standen in Verbindung mit Frauenrechtsbewegungen oder der Punkszene[16]. Daher rührt auch der besondere Kleidungsstil im Roller Derby.

2004 wurde die Women´s Flat Track Derby Association (WFTDA) gegründet. Diese veranstaltete seit 2007 jährliche Weltmeisterschaften[17]. Weltweit wurden neue Mannschaften gegründet. Die Sportart war nun frauendominiert, nur wenige gemischte Mannschaften wurden gegründet[18]. Das erste deutsche Team „Stuttgart Valley Roller Girlz" wurde 2006[19] gegründet. Es folgte 2008 „Barock City Roller Derby" aus Ludwigsburg[20] und die „Berlin

---

[11] Vgl. Offizielle Webseite der Abteilung Roller Derby Deutschland unter Dachverband Deutscher Roll- und Inline Verband e.V. URL: rollerderbygermany.de/index.php?page=roller-derby

[12] Vgl. Offizielle Webseite der Abteilung Roller Derby Deutschland unter Dachverband Deutscher Roll- und Inline Verband e.V. URL: rollerderbygermany.de/index.php?page=roller-derby

[13] Vgl. de.wikipedia.org/wiki/Roller_Derby#Geschichte

[14] Vgl. de.wikipedia.org/wiki/Roller_Derby#Geschichte

[15] Vgl. de.wikipedia.org/wiki/Roller_Derby#Geschichte

[16] Vgl. de.wikipedia.org/wiki/Roller_Derby#Geschichte

[17] Vgl. de.wikipedia.org/wiki/Roller_Derby#Geschichte

[18] Vgl. de.wikipedia.org/wiki/Roller_Derby#Geschichte

[19] Vgl. Offizielle Webseite der Stuttgart Valley Rollergirls URL: www.rollergirlz.de/deutsch/ueber-uns/ueber-uns.html

[20] Vgl. Offizielle Webseite der Barockcity Rollerderby e.V. URL: www.rollergirls-ludwigsburg.de/bcrd/index.php/der-verein.html

Bombshells"[21]. 2009 fand der erste inoffizielle innerdeutsche Wettkampf statt[22]. Ende Juni 2013 folgte dann die erste offizielle Deutsche Meisterschaft[23].

Anfang 2012 trainierten in Europa insgesamt 200 Teams[24].

4 Die Ausrüstung

Beiden Sportarten sind gemein, dass sie auf Schuhen, an denen Rollen montiert sind, ausgeübt werden.

Die Stellung und die Form der Rollen sind verschieden. Während bei einem Inlineskate, welcher beim Speedskating verwendet wird, die Rollen in einer Linie (engl.: in line = im Einklang, in einer Linie) angeordnet und eher schmal sind, so sind die Rollen der Roller Derby Spieler in zwei Reihen angeordnet und viel breiter. Diese werden Quadcore-Skates genannt. Zur besseren Veranschaulichung sind in der Abbildung 1 ein Quadcore-Skate und ein Speedskate zu sehen

Abbildung 1: Quadcore Skate (links) und Speed Skate (rechts)

Während sich der Stil der Kleidung beim Speedskating nicht von denen anderer Sportarten abhebt, stellt die Kleidung im Rollerderby eine Besonderheit dar:

Der Kleidungsstil der Spielenden ist sehr stark geprägt durch die Verbindung von Roller Derby zur Punkszene und zu der Frauenrechtsbewegung. Die Spielenden möchten oft nicht nur wie reine Sportler aussehen, sondern ihren eigenen Kleidungsstil zur Schau stellen. Auch möchten sie sich oft abheben vom Klischeebild einer wohlsituierten und ordentlich gekleide-

---

[21] Offizielle Webseite der Berlin Bombshells URL: bearcityrollerderby.com/medien/

22 Offizielle Webseite der Berlin Bombshells URL:bearcityrollerderby.com/medien/

[23] Vgl. de.wikipedia.org/wiki/Roller_Derby#Geschichte

[24] Vgl. de.wikipedia.org/wiki/Roller_Derby#Geschichte

ten Frau. Es werden bunte, punkige Kleidung, auffällige Tätowierungen und Bemalungen wie im Football getragen. In den zwei unteren Abbildungen werden beispielhaft Spieler in ihrer Wettkampfkleidung gezeigt.

Abbildung 2: Kleidung während eines Wettkampfes im Roller Derby (1)

Abbildung 3: Kleidung während eines Wettkampfes im Roller Derby (2)

5 Das Training

5.1 Das Training beim Speedskating

Aufgrund des gewählten Themas wird hier nur auf das Speedskate-Training für Kinder und Jugendliche eingegangen.

Vor allem wird im Kinder und Jugendbereich ein sehr großer Wert darauf gelegt, dass sich die Sportler sicher mit ihren Inlineskates bewegen können. So werden beispielsweise Fangspiele, wie man sie aus dem Sportunterricht der Grundschule kennt auf Inlineskates ausgeführt oder man spielt beispielsweise Floorball (auch bekannt als Unihockey), Frisbee oder

Fußball auf Inlineskates. Damit werden auf spielerische Weise Grundtechniken wie Bremsen, Ausweichen, Überspringen von Hindernissen und verletzungsarmes Stürzen vermittelt. Diese Art des spielerischen Lernens wird auch bei den meisten anderen Trainingsaufgaben angewendet. So werden die Sprintfähigkeit, die Reaktionsschnelligkeit und taktisch voraus-schauendes Fahren in kleinen Trainingswettkämpfen geübt, das Fahren in Gruppen kann bei Staffelspielen gelernt werden. Bei den jüngeren Schülern ist kein spezielles Ausdauertraining notwendig. Ab der Altersklasse der 13 jährigen wird auch Grundlagenausdauer trainiert.

Jeder Heranwachsende, welcher Speedskating trainieren möchte sollte sich einem entspre-chenden Verein anschließen. Im Deutschen Rollsport und Inline-Verband e.V. sind 207 Ver-eine, die Rollsport in jeglicher Form betreiben, gelistet. Eine Aufschlüsselung in Speedskatingvereine gibt es nicht[25].

Zurzeit gibt es in Sachsen genau 7 Speedskatingvereine bzw. -abteilungen in den Vereinen[26].

5.2 Das Training beim Roller Derby

Die geplante Teilnahme am Training war nicht möglich, da das erst ab einem Alter von 18 Jahren erlaubt ist (siehe Anhang). Deshalb musste auf andere Quellen zurückgegriffen wer-den.

Wettkämpfe im Roller Derby sind mehr sprintbetont, deshalb werden der Sprint, aber auch die Kraft und die Kraftausdauer stärker trainiert als im Speedskating. [27] Da man, um für Wettkämpfe zugelassen zu werden, eine Prüfung ablegen muss, ist das Trainieren der prü-fungsrelevanten Aspekte wichtig. Dazu gehören unter anderem das Beherrschen einer be-stimmten Geschwindigkeit, das Springen über Hindernisse, das Rückwärts-fahren, das Aushalten von Stößen und dass Können jemanden zu Schubsen.[28] Dies sind auf jeden Fall vor, aber auch nach der Prüfung wichtige Bestandteile des Trainings

Da Roller Derby in Deutschland eine sehr junge Sportart ist und auch eine Altersbegrenzung vorliegt, gibt es in Deutschland nicht so viele Vereine wie beim Speedskating. In ganz

---

[25] Vgl. Vereinsregister auf der Webseite des Deutschen Roll- und Inline Verbandes e.V.
URL: driv.de/vereinsregister.phtml

[26] Vgl. Offizielle Webseite des Rollsport- und Inline- Verbands Sachsen e.V.
URL: www.rivsachsen.de/speedskating2.htm

[27] Vgl. www.rollerderbyathletics.com/fitness-test/

[28] Vgl. Standard Roller Derby Test der Women's Flat Track Derby Association URL: wftda.com/resources/wftda-minimum-skill-requirements.pdf

Deutschland sind ungefähr 25-30 Vereine zu finden, unter anderem in Leipzig[29] und Dresden[30]. Zurzeit gibt es sehr viele Neugründungen, deshalb ist die Anzahl der Vereine im Steigen begriffen.

6 Die Wettkämpfe

6.1 Die Wettkämpfe im Speedskating

6.1.1 Voraussetzungen für die Teilnahme an einem Wettkampf im Speedskating

Laut der Wettkampfordnung für Inline-Speedskating des Deutschen Roll- und Inline Verbandes e.V.[31] hat jeder Starter Inline-Skates zu fahren, deren Rollen in einer Reihe angeordnet sind. Die Anzahl der Rollen ist auf sechs begrenzt und der Durchmesser einer Rolle darf nicht mehr als 110 mm betragen. Die Gesamtlänge einer Schiene inklusive Rollen darf 50 cm nicht überschreiten.

Es ist im Speedskating obligatorisch, einen Helm zu tragen. Hand-, Knie- oder Ellenbogenschützer sind keine Pflicht. Das Tragen dieser wird jedoch empfohlen. Es muss ein eng anliegender einteiliger Rennanzug oder eine eng anliegende Hose mit einem eng anliegenden T-Shirt getragen werden. Am Anfang eines jeden Wettkampfes bekommt jeder Teilnehmer eine Startnummer. Die Nummern werden vom Veranstalter gestellt und sind nicht frei wählbar. Das Tragen von Schmuck ist verboten. Bei den Kindern und Jugendlichen sind außerdem lange Zöpfe aus Sicherheitsgründen in den Rennanzug zu stecken.

„Sportler, die nicht ordnungsgemäß ausgestattet sind, werden vom Wettkampf ausgeschlossen bzw. nicht gewertet[32]."

In dieser Abbildung sind Jugendliche in ihrer Wettkampfausrüstung, während der Deutschen Meisterschaft im Speedskating 2011, zu sehen

---

[29] Vgl. Offizielle Webseite der Riot Rocketz URL: www.rollerderby-leipzig.de/index.html

[30] Vgl. Offizielle Webseite der Dresden Pioneers URL: www.rollerderby.motor-mickten.de

[31] URL: www.driv-judge.de/finish/4-driv-wko/256-wettkampfordnung-

[32] Wettkampfordnung des Deutschen Roll- und Inline Verbandes e.V. Seite 29

URL: www.driv-judge.de/finish/4-driv-wko/256-wettkampfordnung-

Abbildung 4: Ausrüstung während eines Wettkampfes im Speedskating

Man muss eine Lizenz, bestehend aus einer Anti-Doping-Erklärung und einem medizinischen Attest, welches die Tauglichkeit für diese Sportart bestätigt, besitzen[33]. Ausnahmeregelungen gelten für Anfänger sowie für Volkssportrennen.

6.1.2 Die Altersklassen[34]

Die Kinder und Jugendlichen sind immer zwei Jahre lang in einer Altersklasse, das heißt, es laufen zum Beispiel alle 12 und 13 Jährigen gemeinsam und werden gemeinsam gewertet. Man darf, wenn man möchte, in einer höheren Altersklasse starten. Jedoch ist zu beachten, dass es Einschränkungen gibt, wie lang die Wettkampfstrecken mit einen bestimmten Alter höchstens sein dürfen. So darf man beispielsweise erst ab 14 Jahren einen Halbmarathon (21 km) im Rahmen eines Wettkampfes fahren[35]. Innerhalb eines Wettkampfes darf man nur in einer Altersklasse starten. Zusätzlich gibt es neben den Wettkampfklassen noch Anfängerklassen, um Neueinsteigern den Eintritt in das Wettkampfgeschehen zu erleichtern.

---

[33] Vgl. Wettkampfordnung des Deutschen Roll- und Inline Verbandes e.V. Seite 6 URL: www.driv-judge.de/finish/4-driv-wko/256-wettkampfordnung-2014

[34] Vgl. Wettkampfordnung des Deutschen Roll- und Inline Verbandes e.V. Seite 18f. URL: www.driv-judge.de/finish/4-driv-wko/256-wettkampfordnung-2014

[35] Vgl. Wettkampfordnung des Deutschen Roll- und Inline Verbandes e.V. Seite 20 URL: www.driv-judge.de/finish/4-driv-wko/256-wettkampfordnung-2014

6.1.3 Ablauf eines Wettkampfes[36]

Ein Wettkampf dauert meist zwei, selten drei Tage. Während dieser Zeit messen sich die Kinder und Jugendlichen in verschiedenen Disziplinen. Eine Spezialisierung in Kurzstrecke, Mittelstrecke oder Langstrecke, wie man es zum Beispiel aus der Leichtathletik kennt, gibt es beim Speedskating nicht. Hier durchläuft jeder Läufer alle Disziplinen, wie Sprint, Mittel- und Langstrecke in einem Wettkampf.

Im Jugendbereich sind die meisten Rennen Massenstarts, das bedeutet alle Teilnehmenden der jeweiligen Altersklasse starten zur gleichen Zeit und haben eine bestimmte Strecke zurück zu legen. Von diesen Läufen gibt es verschiedene Variationen.

- Im Langstreckenlauf wird meist die höchste, für die jeweilige Altersklasse zugelassene Strecke genommen. Die Reihenfolge des Zieleinlaufes ist hier auch die Reihenfolge der Platzierungen.

- Während Ausscheidungsrennen scheidet in einem vorher festgelegten Rhythmus der jeweils letzte Läufer aus. Die Ausscheidungsrunden werden vor Beginn des Wettkampfes bekannt gegeben.

- Das Punkterennen ist eine weitere Form des Massenstarts. Hierbei erfolgt die Platzierung nicht primär durch die Reinfolge des Zieleinlaufs. Die Platzierung erfolgt entsprechend der Summe der beim Zieleinlauf erreichten Punkte. Punkte erzielt man während der vorher festgelegten Wertungsrunden. Während der Wertungsrunden erzielt der erste Läufer zwei Punkte und der zweite Läufer erhält einen Punkt. Während des Zieleinlaufes gibt es drei Punkte für den Ersten, zwei Punkte für den Zweiten und einen Punkt für den Dritten. Der Läufer mit der höchsten Punktzahl hat gewonnen. Falls zwei Läufer die gleiche Anzahl von Punkten haben sollten, entscheidet die Reinfolge des Zieleinlaufs.

- Es gibt auch kombinierte Punkte-und Ausscheidungsläufe.

Während eines Einzelstarts läuft jeder Sportler auf der jeweilige Distanz alleine. Die dafür benötigte Zeit entscheidet über die Platzierung.

- Der Einzelstart wird vor allem für kurze Sprintdistanzen (meist höchstens 300m) genutzt. Jeder Läufer darf selbst entscheiden, wann er startet. Es gibt also kein Start-

---

[36] Vgl. Wettkampfordnung des Deutschen Roll- und Inline Verbandes e.V. Seiten 20-24

URL: www.driv-judge.de/finish/4-driv-wko/256-wettkampfordnung-2014

kommando. Gemessen wird die Zeit meist durch eine Lichtschranke. Der Gewinner ist derjenige mit der kürzesten Zeit für die Strecke.

- Bis zur Altersklasse Schüler A (13 Jahre) ist der Geschicklichkeitslauf in jedem Wettkampf obligatorisch[37]. Die Teilnehmer müssen auf Zeit einen Parcours bewältigen. Der Parcours besteht aus beispielsweise Rückwärtsfahren, Slalom, engen Kurven, Steigen über Hindernisse und durchfahren unter Hindernissen. Für Fehler gibt es festgelegte Strafen. So wird bei der Berührung eines Hindernisses auf die Endzeit eine Sekunde draufgerechnet, wird ein Hindernis ganz ausgelassen, bedeutet dies fünf zusätzliche Strafsekunden. Die Geschicklichkeitsläufe sind Teil des Nachwuchsförderungskonzepts und sollen dafür sorgen, dass die Kinder und Jugendlichen sicher ihre Inlineskates beherrschen und nicht bei hohen Geschwindigkeiten die Kontrolle über diese verlieren.

Ein Läufer, der sich mit (etwas) höherer Geschwindigkeit einem anderen Läufer nähert und diesen nicht überholen möchte, darf seine Geschwindigkeit anpassen, indem er auf seinen Vordermann „auffährt", das heißt er berührt ihn im unteren Rückenbereich mit der Hand. Diese Regelung ist notwendig, da sonst der hintere Läufer bremsen müsste und dadurch ein unnötiges Risiko (zum Beispiel das eines Sturzes) eingegangen werden müsste.

Absichtliches Anschieben innerhalb des Teams ist nicht erlaubt. Das Berühren darf auch nur im unteren Rückenbereich, mit der Hand und nach oben gehaltenen Fingern, geschehen.

6.1.4 Wettkampforte für Speedskating[38]

Die Wettkämpfe können auf asphaltierten, ovalen, geschlossenen Bahnen, vergleichbar mit denen bei Radrennen, oder auf abgesperrten Straßen stattfinden. Die Länge der Bahnen hat 100 bis 400m zu betragen. Die Kurven dürfen, müssen aber nicht, leicht überhöht sein (sehr ähnlich den Radrennbahnen).Die Bahn muss mindestens 5m breit sein. Straßenkurse dürfen offen oder geschlossen sein. Die Mindestbreite beträgt 6 m. Die Gefahrenstellen müssen deutlich gekennzeichnet sein. Die Länger der Strecke wird unter strengen Richtlinien von einen unabhängigen Vermesser (zum Beispiel einem Vermessungsingenieur) vermessen.

---

[37] Vgl. Wettkampfordnung des Deutschen Roll- und Inline Verbandes e.V. Seite 24

URL: www.driv-judge.de/finish/4-driv-wko/256-wettkampfordnung-2014

[38] Vgl. Wettkampfordnung des Deutschen Roll- und Inline Verbandes e.V. Seite 15

URL: www.driv-judge.de/finish/4-driv-wko/256-wettkampfordnung-2014

6.2 Die Wettkämpfe beim Roller Derby

6.2.1 Voraussetzungen für die Teilnahme an einem Wettkampf im Roller Derby

Die Spiele werden auf Quadcore-Skates ausgetragen. Pflicht sind ein Helm, Handgelenk,-Ellenbogen- und Knieschützer. Diese müssen eine harte Schale oder Einlage aus Kunststoff besitzen. Außerdem hat jeder Spieler einen Mundschutz zu tragen. Das Tragen von gepolsterten Shorts, Kinn-, Schienbein- und Steißbeinschutz sowie Knie- und Knöchelbandagen ist erlaubt, Helme mit Gitter oder Gipsverbände sind verboten. Jeder der Spieler hat ein Trikot zu tragen, welches ihn als Teil dieser Mannschaft zu erkennen gibt. Am Trikot und an den Oberarmen hat jeder Spieler sichtbar seine selbstgewählte Nummer zu tragen. Schmuck ist erlaubt, solange er keine Gefahr für ihn oder Andere darstellt.

Das Mindestalter für die Teilnahme an einem Wettkampf als Spieler ist 18 Jahre. Bevor man an einem Wettkampf starten darf, hat man eine Prüfung abzulegen. Die Prüfung dient der Gewissheit, dass der Spieler während des Wettkampfes weder eine Gefahr für sich, noch für Andere darstellt. Die Prüfung umfasst das allgemeine Fahren und sichere Beherrschen der Skates, sowie den Nachweis der Kenntnis über die Regeln.

6.2.2 Die Altersklassen

Im Roller Derby gibt es keine Altersklassen.

6.2.3 Ablauf eines Wettkampfes

Die folgenden Regeln für diese Spiel wurden sinngemäß aus dem englischsprachigen Buch *Down and Derby: The Insider's Guide to Roller Derby.* von den Autoren Jennifer Barbee und Alex übernommen.

Das Ziel des Spiels ist es, die meisten Punkte zu bekommen. Es spielen zwei Mannschaften gegeneinander. Jede Mannschaft besteht aus maximal 14 Spielern, wovon aber maximal fünf auf gleichzeitig auf der Bahn sein dürfen. Ein Spiel umfasst 60 min, unterteilt in zwei Halbzeiten zu je 30 min. Während einer Halbzeit können beliebig viele Jams gespielt werden. Ein Jam umfasst maximal zwei Minuten. Zwischen den Jamms sind jeweils 30 s Pause.

Es gibt in jeder Mannschaft zwei verschiedenen Arten von Spielern: Die „Punktesammler", genannt Jammer und die Blocker, die zusammen das sogenannte Pack bilden. Im Pack laufen die Blocker beider Mannschaften gemeinsam. In jeder Mannschaft gibt es einen Jammer und höchstens vier Blocker. Jede Mannschaft darf aus ihren Blockern einen Pivot-Blocker ernennen. Dieser muss eine Helmhaube mit einem Längsstreifen als Erkennungszeichen tragen. Die Pivot-Blocker der jeweiligen Mannschaft regeln das Tempo des Packs und dürfen von selbigem nicht überholt werden. Die Aufgabe der Packs ist einerseits den gegnerischen Jammer zu blocken, andererseits aber auch den eigenen Jammer zu unterstützen. Die Spieler im Pack dürfen sich nicht ohne besonderen Grund voneinander entfernen. Die Jammer der jeweiligen Mannschaften müssen Punkte für ihre Mannschaft erzielen. Dies erreichen sie, indem sie die Spieler der gegnerischen Mannschaft im Pack überrunden. Pro überrundeten Spieler gibt es einen Punkt. Den Status des Leadjammers erreicht der Spieler, welcher im jeweiligen Jam das Pack erstmalig umrundet hat. Der Leadjammer hat das Recht einen Jam vor Ablauf der zwei Minuten zu beenden.

Nach dem Anpfiff eines Jamms starten die Jammer und die Blocker gleichzeitig. Die Jammer stehen ungefähr fünf Meter hinter dem Pack. Während der ersten Runde eines jeden Jamms, dem sogenannten Initial Pass, müssen die Jammer das Pack überholen, aber es gibt noch keine Punkte. Hier wird lediglich der Leadjammer bestimmt. Nach dem Initial Pass sammeln beide Jammerinnen für jede legal überrundete Gegnerin einen Punkt.

Das Blocken

Roller Derby ist eine Vollkontaktsportart, das heißt das Blocken, also das Behindern, Abdrängen, Umschubsen oder in den Weg fahren gegnerischer Spieler ist erlaubt. Das Blocken ist jedoch auf bestimmte Körperregionen begrenzt. Ein Spieler darf zwischen der Mitte des Oberschenkels und der Schultern berührt werden und auch selbst mit diesen blocken.

Geblockt werden darf nicht am Kopf, im Genitalbereich und unterhalb der Knie. Zum Blocken dürfen nicht der Kopf, die Ellenbogen, Hände, die Unterschenkel oder Füße genutzt werden.

Bei einem Foul, beispielsweise wenn außerhalb einer erlaubten Körperzone geblockt wird, eine Begrenzungslinie absichtlichen überfahren wird, die Zerstörung des Packs absichtlich provoziert wird oder andere Spieler absichtlich gefährdet werden (zum Beispiel durch absichtliches Hinfallen), muss der foulende Spieler eine Auszeit von 30 Sekunden auf der Strafbank absitzen. Danach darf er sich wieder am Jam beteiligen.

6.2.4 Wettkampforte für Roller Derby

Die Bahnen sind oval und geschlossen, sie sollten einen Durchmesser von 18 mal 30 m haben[39]. Diese Größe entspricht mit Zuschauertribünen einer 3-Felder Turnhalle, wie sie in Schulen vorzufinden ist[40]. Um die Bahn rundherum muss eine 3m breite Sicherheitszone sein, um den Kontakt zu Zuschauern zu verhindern[41].

7 Vergleich der Sportarten unter dem Gesichtspunkt der Eignung

Aus dem Vergleich der Sportarten lässt sich nun die auf Eignung für Kinder und Jugendliche schließen. Der alles entscheidende Punkt ist, dass Roller Derby erst ab dem Eintritt in die Volljährigkeit, also mit 18 erlaubt ist. Dies schließt somit aus, dass Kinder in einem Verein trainieren oder an einem Wettkampf teilnehmen könnten.

Für die nachfolgende Betrachtung wird jedoch diese Regelung außer Acht gelassen, da das Training zumindest für ältere Jugendliche sehr interessant zu sein scheint und auch nirgendwo eine schlüssige Begründung für die zwingend notwendige Volljährigkeit gefunden werden konnte.

Im Speedskating kämpft jeder für sich alleine, während Roller Derby eine Mannschaftssportart ist. Somit gibt es für die Kinder und Jugendlichen beim Speedskating kein so intensives Mannschaftserlebnis, wie beim Roller Derby. Je älter die Kinder und Jugendlichen werden, tritt auch beim Speedskating der Aspekt des Fahrens im Team in den Fokus.

Der Fokus beim Roller Derby liegt auf dem Sprint, der Kraftausdauer und der Wendigkeit, während er beim Speedskating auf Sprint und mit fortschreitendem Alter zunehmend fast nur noch auf der Ausdauer liegt. Auf Wendigkeit und Beherrschung der Inlineskates wird im Wettkampf nur bis zum Alter von 13 Jahren Wert gelegt.

Beim Speedskating gibt es mehr Vereine als beim Roller Derby, dafür aber weniger potentielle Wettkampfstätten, da diese sehr vielen Auflagen unterliegt. Beim Roller Derby ist es genau umgedreht: es gibt wenig Vereine aber es sind viele potentielle Wettkampfstätten vorhanden

---

[39] Vgl. de.wikipedia.org/wiki/Roller_Derby#Spielarten

[40] Vgl. www.sporthalle.de/-hallentypen.html

[41] Es gab schon schwere Verletzungen als Roller Derby Spieler in das Publikum rasten.

Wer mit dem Speedskating anfängt, hat sehr schnell die Möglichkeit an Wettkämpfen teil zu nehmen, da es auch Anfängerklassen gibt Dies ist vor allem für jüngere Kinder gut, da sie sonst zu schnell die Motivation verlieren könnten. Oft ist schon die reine Teilnahme an einem Wettkampf ein einprägendes Erfolgserlebnis für diese. Im Gegensatz dazu, muss man beim Roller Derby erst eine Prüfung ablegen was bedeutet, dass die Kinder eine lange Zeit, für sie ohne einen richtigen Sinn, trainieren würden.

Das Verletzungspotential wird bei beiden Sportarten niedrig gehalten, da es eine vorgeschriebene Wettkampfausrüstung gibt.

Was viele, vor allem Jugendliche, ansprechen könnte ist der sehr ausgefallene Kleidungsstil der Spieler im Roller Derby.

8 Zusammenfassung

Während der Recherchearbeit zur Wahl meines Themas und in der Bearbeitungszeit fiel mir noch nicht auf, dass die Ausübung des Sports Roller Derby nur volljährigen Menschen erlaubt ist. Somit war diese Untersuchung für die Wissenschaft nicht sehr gewinnbringend.

Leider konnte ich bei keinem Training des Roller Derby Vereins dabei sein, da dies aus versicherrungsrechtlichen Gründen nicht mögliche war (siehe Anhang) und leider fand auch während der Bearbeitungsphase meiner Facharbeit kein Roller Derby Wettkampf in der Nähe meines Wohnorts statt.

Es wurde sichtbar, dass jede der beiden Sportarte auf eine andere Art und Weise für Jugendliche geeignet sein kann. Für Kinder ist jedoch Speedskating zu empfehlen, aufgrund der sofort möglichen Teilnahme an Wettkämpfen.

9 Quellen

9.1 Literaturverzeichnis

www.Roller Derby-leipzig.de/index.html

(zuletzt abgerufen am 10.12.14, um 20:00)

www.driv.de/downloads/lehrplan_inline_speedskating.pdf

(zuletzt abgerufen am 10.12.14, um 20:00)

www.Roller Derbygermany.de/index.php?page=roller-derby

(zuletzt abgerufen am 10.12.14, um 20:00)

www.rollerderbyathletics.com/fitness-test/

(zuletzt abgerufen am 10.12.14, um 20:00)

www.post-sv-buer.de/index.php?option=com_content&view=article&id=626&Itemid=307

(zuletzt abgerufen am 10.12.14, um 20:00)

www,de.wikipedia.org/wiki/Inline-Speedskating

(zuletzt abgerufen am 10.12.14, um 20:00)

ww.wftda.com/rules/wftda-rules-german.pdf

(zuletzt abgerufen am 10.12.14, um 20:00)

www.driv-judge.de/finish/4-driv-wko/256-wettkampfordnung-2014

(zuletzt abgerufen am 10.12.14, um 20:00)

en.wikipedia.org/wiki/Roller_rink

(zuletzt abgerufen am 10.12.14, um 20:00)

www.speedskating-em.de/uploads/extensions/upload_files/120_321_blog_article_SZENE_G
eschichte%20des%20Inlineskatings.pdf
(zuletzt abgerufen am 10.12.14, um 20:00)

www.rollerblade.com/deutschland/about-us/
(zuletzt abgerufen am 10.12.14, um 20:00)

www.hottenrott.info/Publikationen/Ordner3/haensel%20et%20al_1999.pdf
(zuletzt abgerufen am 10.12.14, um 20:00)

www.rivsachsen.de/speedskating2.htm
(zuletzt abgerufen am 10.02.15 um 15:23)

www.bmw-berlin-marathon.com/news-undmedia/news/2012/09/30/spektakulaerer-strecke
nrekord-bei-den-skatern.html
(zuletzt abgerufen am 08.01.2015, um 16:00)

wftda.com/rules/wftda-rules-german.pdf
(zuletzt abgerufen am 01.02.15 um 15:30)

de.wikipedia.org/wiki/Roller_Derby
(letzte Änderung der Seite: 28.12.14 um 06:50)

www.rollergirlz.de/deutsch/ueber-uns/ueber-uns.html
(zuletzt abgerufen am 20.02.15 um 22:00)

www.rollergirls-ludwigsburg.de/bcrd/index.php/der-verein.html
(zuletzt abgerufen am 04.01.15 um 18:54)

driv.de/vereinsregister.phtml
(zuletzt abgerufen am 12.02.15 um 15:00)

Barbee, Jennifer und Cohen, Alex (2010). *Down and Derby: The Insider's Guide to Roller Derby.* Berkeley: Soft Skull Press

9.2 Bildquellen

Abb. 1: Links: sohimages.com/images/images_skates/U721M-2.jpg?1340021281

(zuletzt abgerufen am 20.02.15 um 15:34)

rechts: www.xtech-skates.de/pic/thumbscache/it1275bontvayporyellow00_510x353_.jpg

(zuletzt abgerufen am 20.02.15 um 15:45)

Abb. 2: www.th-photo.net/photo_blog/wp-content/uploads/2009/02/MG_6462-764802.jpg

(zuletzt abgerufen am 20.02.15 um 15:56)

Abb. 3: saudesportelazersobrerodas.com.br/wp-content/uploads/2015/02/rollerderby-112223.jpg.

(zuletzt abgerufen am 20.02.15 um 16:14)

Abb. 4: www.bildimpressionen.de/index.php?cmd=showmedia&mid=34971

(zuletzt abgerufen am 20.02.15 um 16:01)

10 Anhang

Dem Verein

schrieb ich über ihre Facebook-Seite eine Nachricht und bekam auch eine Antwort:

23. November 2014 16:18

Hallo, ich bin Claudia. Ich werde in einem halben Jahr 17 und habe schon Erfahrungen im Speedskating. Ich würde gerne mal zum Probetraining kommen. Wäre das möglich oder nehmt ihr nur Leute ab 18 (wg der Wettkampfordnung und so...)?

28. November 2014 10:37

Liebe Claudia, aus versicherungstechnischen Gründen dürfen wir wirklich nur volljährige SkaterInnen am Training teilnehmen lassen. Solange kannst du aber gern als Fan am Spielfeldrand teilhaben und zu deiner Volljährigkeit freuen wir uns auf dich. Liebe Grüße

29. November 2014 18:18

Schade. Na gut, dann danke ich dir und warte darauf dass ich 18 werde. Liebe Grüße Claudia. ;)

03. Dezember 2014 12:02

Wir freuen uns auf dich!

Ende der Chat-Unterhaltung